Collection de M. C...

DESSINS ANCIENS

ET MODERNES

DES DIFFÉRENTES ÉCOLES

Mᵉ DELESTRE

COMMISSAIRE-PRISEUR

27, rue Drouot, 27

M. B. LASQUIN

EXPERT

12, rue Laffitte, 12

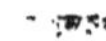

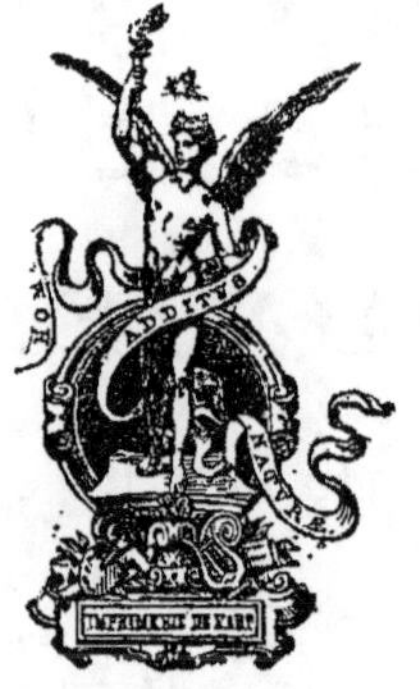

ADDITVS

CATALOGUE

DE

DESSINS ANCIENS

ET MODERNES

Encadrés et en feuilles

ŒUVRES DE L'ÉCOLE FRANÇAISE DU XVIIIᵉ SIÈCLE

QUELQUES VUES DE PARIS

CADRES ANCIENS

Le tout composant la Collection de M. C...

ET DONT LA VENTE AURA LIEU

HOTEL DROUOT, SALLE Nᵒ 5

Le Mercredi 17 Mars 1886

A 1 HEURE 1/2

Mᵉ **DELESTRE**	**M. B. LASQUIN**
COMMISSAIRE-PRISEUR	EXPERT
27, rue Drouot, 27	12, rue Laffitte, 12

Chez lesquels se trouve le présent Catalogue.

EXPOSITION PUBLIQUE

Le Mardi 16 Mars 1886

DE UNE HEURE A CINQ HEURES

CONDITIONS DE LA VENTE

Elle sera faite au comptant.

Les acquéreurs payeront *cinq pour cent* en plus des prix d'adjudication.

L'exposition mettant le public à même de se rendre compte de l'état des objets, aucune réclamation ne sera admise une fois l'adjudication prononcée.

Paris. — Imp. de l'Art. E. Ménard et J. Augry
41, rue de la Victoire, 41

DÉSIGNATION

1 — **Acken (Van), Bechemberg, Hackert.** — Trois pièces : Paysages. Lavis d'encre de Chine et plume.

2 — **Adam.** — Décoration d'autel. Plume et sépia.

3 — **Anonymes.** — Gouache sur vélin : monuments antiques. — Portrait d'un pape, à la plume.

4 — **Architecture.** — Quatre pièces : Portiques, salle de spectacle, etc. Lavis.

5 — **Asselyn, Moucheron.** — Deux pièces : entrée de ville, paysage. Lavis et plume.

6 — **Aubry.** — Jeune fille endormie. Crayon noir sur papier bleu.

7 — **Barbieri** (dit le Guerchin). — Paysage à la plume.

8 — **Berkheyden, Hobbema** (?). — Deux aquarelles : villages hollandais.

9 — **Baur** (W.) [?]. — Château et parc. A la plume, lavé.

10 — **Béga** (C) [?]. — A la pierre noire, sur papier bleu. Collection J. Dupan.

11 — **Berckheyden.** — Village hollandais. Aquarelle.

12 — **Bergen (Dirck Van).** — Jeune homme assis. A l'encre de Chine.

13 — **Bilcocq.** — Vue d'un château dans un parc. Crayon noir.

14 — **Boilly.** — Portraits de femmes. Crayon noir et sanguine.

15 — **Boilly, Parizeau.** — Deux pièces : étude de têtes; groupe de villageoises. Encre de Chine, sanguine.

16 — **Boissieu (J. J. de).** — Passage du gué. Aquarelle.

17 — **Boissieu (de).** — Sept pièces : paysages. Deux portraits.

18 — **Bonnet.** — Composition pour la Jérusalem délivrée. Dessin au bistre. Cadre ancien.

19 — **Bonnet.** — Composition pour la Jérusalem délivrée. Trois dessins au bistre.

20 — **Both, A. Cuyp, W. Schellinck.** — Trois pièces : Paysage ; bestiaux ; village. Lavis d'encre de Chine.

21 — **Boucher (F.)** — Jeune bergère assise sur un tertre au pied d'un arbre, tenant un panier de fleurs. A la pierre noire. Collection Lagoy. Cadre ancien en bois sculpté.

22 — **Boucher (F.).** — L'Abreuvoir et le Moulin. Deux dessins à la pierre noire.

23 — **Boucher (F.).** — Étude d'amour couché. Sanguine. Cadre sculpté ancien.

24 — **Boucher (F.).** — Diane endormie. Crayon noir rehaussé de blanc sur papier bleu.

25 — **Boucher, Oudry.** — Deux pièces : les Lavandières; Allée de parc. Crayon noir.

26 — **Boucher (?).** — Bacchanale. Crayon noir rehaussé.

27 — **Boucher (école de).** — Nymphe surprise. Pierre noire.

28 — **Breughel.** — Vue de Wilhelmssein. A la plume, lavé.

29 — **Brizio (Fr.)** — La Renommée. A la plume, lavé.

30 — **Buytenweyt.** — Femme allant au marché. Plume et crayon noir.

31 — **Callot.** — Les Suppliciés. A la plume.

32 — **Caravage (P. de).** — Offrande au dieu Pan. A la plume, lavé et rehaussé.

33 — **Caresme.** — Offrande au dieu Pan. Au bistre.

34 — **Carmontelle.** — Portrait de jeune fille, de profil à gauche. Aux trois crayons.

35 — **Carrache, Ghezzi, J. Romain** et autres. — Dix pièces, sujets divers.

36 — **Carré (M.).** — Passage du gué. A l'encre de Chine.

37 — **Champagne (Ph. de).** — Moine debout. Au crayon noir rehaussé.

38 — **Chardin.** — Enfant tenant un jouet. Au crayon noir.

39 — **Charlet.** — Femme assise. Au crayon noir.

40 — **Chatelet.** — Vue générale de l'Etna. A l'aquarelle.

41 — **Cochin (N.)** — Sujet allégorique : la Sagesse, sous les traits de Minerve, appuyée sur le blason de France, et l'Abondance debout lui montrant trois médaillons portraits de la famille royale. Crayon noir, forme ovale.

42 — **Cochin (N.)** — Portrait de femme en buste, de trois quarts à droite. Au crayon noir, signé et daté 1776. Cadre Louis XV, en bois sculpté et doré.

43 — **Cochin.** Deux bustes d'homme, dans des médaillons. Au lavis.

44 — **Cochin.** — Portrait d'homme. Crayon noir, forme ronde.

45 — **Cochin, Watteau, Delarue (?).** — Trois pièces : portrait d'homme, pastorale, amours. Crayon, plume et sépia.

46 — **Conca (Sébastien).** — Composition pour un plafond. Crayon noir et lavis.

47 — **Courbet.** — Proudhon sur son lit de mort. Fusain et crayon blanc.

48 — **Corot**. — Croquis paysage. Crayon.

49 — **Crépy**. — Portrait de Marie-Antoinette, dauphine de France, dans un médaillon entouré de fleurs au-dessus des deux blasons accolés. Au bistre. Cadre ancien sculpté et doré.

50 — **Debiti (C.)**. — Portrait d'une Anglaise assise dans un parc et lisant une lettre. Aquarelle forme ovale. Cadre Louis XIII sculpté et doré.

51 — **Decamps (Genre de)**. — Soldats turcs. Crayon noir.

52 — **Delafosse**. — Trophée d'armes. A l'encre de Chine.

53 — **Demachy**. — Ruines romaines. Grande gouache.

54 — **Desrais**. — Jeune femme endormie. Plume et sanguine. Cadre Louis XIV sculpté.

55 — **Devéria**. — Sultane sur un divan. A l'encre de Chine rehaussé de blanc.

56 — **Doré (G.)**. — La Discorde. Crayon noir rehaussé de blanc.

57 — **Drost**. — Les Commères. Aux trois crayons, lavé.

58 — **Dyck (Ant. Van)** [?]. — Le Christ mort sur les genoux de la Vierge. A la plume.

59 — **Eisen (Ch.)**. — Tête d'enfant. A la sanguine.

60 — **École française**. — Le Marché des Innocents sous Louis XV. Plume et sépia. Cadre sculpté.

61 — **École française.** — Jeune bergère en buste. Crayon et sanguine. Bordure ancienne sculptée.

62 — **École française.** — La Prise de la Bastille. Important dessin à l'aquarelle. Cadre sculpté ancien.

63 — **École française.** — Portrait de M. Monpetit. Pastel. Cadre Louis XVI sculpté et doré.

64 — **École française.** — Paysans attablés. Au bistre. Cadre Louis XVI.

65 — **École française.** — Jeune femme en buste. Sanguine.

66 — **École française.** — Scène galante. Fragment de feuille d'éventail. Gouache sur vélin. Cadre ancien.

67 — **École française.** — Huit portraits de souverains en costumes de grands-maîtres d'un ordre religieux. Gouaches sur vélin du XVIIe siècle dans des cadres anciens en bois sculpté.

68 — **École française.** — Vue sur les quais de Paris vers 1815. Plume et aquarelle.

69 — **École française.** — Projet pour un groupe de deux enfants sur un fût de colonne. Sépia.

70 — **École française.** — Quatre pièces : Cour d'un château. — Études de têtes. — Jeune fille en buste. — Portrait d'homme. Sanguine et lavis.

71 — **École française.** — Quatre pièces : Deux musiciennes. — Adoration de Jésus. — Croquis de

quatre figures. — Portrait d'homme. Plume, lavis, sanguine.

72 — **École française.** — Trois pièces : Études de têtes. Sanguine.

73 — **École française.** — Trois pièces : Pastorale. — Étude. — Amours. Sanguine, plume.

74 — **École hollandaise.** — Quatre pièces : Paysages animés de figures. Encre de Chine.

75 — **Écoles hollandaise et allemande.** — Neuf pièces : Paysages. — Scènes d'intérieur. — Dessins pour vitrail, etc.

76 — **École italienne.** — Un Sacrifice. Plume et lavis.

77 — **École italienne.** — Études de deux têtes de femmes. Au bistre rehaussé.

78 — **École moderne.** — Deux feuilles d'éventails.

79 — **Eeckhout (Van), De Roon, Brauwer, etc.** — Quatre pièces : Sujet biblique. — La Peinture. — Intérieur. — Paysage. Sépia, encre de Chine.

80 — **Falens (Van).** — Paysage avec ruines et cavaliers. A la plume, lavé.

81 — **Fiedeling, Cicéri, Nicolle, Thiénon.** — Quatre pièces : Marée basse; Arc de triomphe; une Treille; Paysage. Aquarelle et sépia.

82 — **Fragonard (A.).** — Le Barbier bavard. A la sépia.

83 — **Gavarni.** — Costume de femme vers 1830. Aquarelle.

*

84 — **Gent (I. G.).** — Une Rue de Rouen. Aquarelle.

85 — **Géricault, Laurens (J. P.).** — Académie d'homme. Plume. Étude. Sanguine.

86 — **Gillot (Cl.).** — Un Scaramouche à la plume, lavé.

87 — **Goya (F.) [?].** — Un Magistrat debout. Au crayon noir rehaussé de blanc.

88 — **Grave (Th. de).** — Deux vues de Hollande. Encre de Chine.

89 — **Grave (Th. de), Esselens.** — Trois pièces : Vues de Hollaude.

90 — **Grave (Th. de), Beghyn (A.), Safleven, Salembier.** — Cinq pièces : Vues de Hollande et paysages. Plume et lavis.

91 — **Gravelot.** — La Parade sur un théâtre du boulevard du Temple au xviiie siècle. Au lavis. Cadre Louis XIV en bois sculpté.

92 — **Gravelot, Challe et autres.** — Quatre pièces . Croquis, pastorales; l'Autel de Vénus; Allégorie. Crayon et sanguine.

93 — **Gravelot.** — Scènes d'intérieur; composition pour les œuvres de J.-J. Rousseau; le Maître de danse; la Présentation. Plume et lavis.

94 — **Greuze (?).** — Portrait d'un acteur. A la sanguine.

95 — **Baron Gros, Girodet, Denon (V.), Senare, Isabey père.** — Cinq pièces . Mme de Staël; costumes

1830 ; Allégorie ; Réception impériale, etc.
Crayon, plume, lavis.

96 — **Guardi.** — Vue intérieure d'un monument. A
l'encre de Chine et à la plume.

97 — **Guardi** (?). — Deux vues de Venise. Plume et
sépia.

98 — **Guérin.** — Entrée du jardin des Tuileries en
1750. A la plume.

99 — **Guibari.** — Deux paysages. A l'aquarelle.

100 — **Haudebourt-Lescot** (Mme). — La Toilette; Scène
de Tartufe. Sépia et aquarelle.

101 — **Heusch** (W. de). — Paysage. A la plume, lavé.

102 — **Heusch** (W. de), **Croos, De Haan.** — Trois
pièces : Paysages. Lavis d'encre de Chine.

103 — **Heusch** (W. de), **Backhuysen.** — Deux pièces :
Paysage d'Italie ; Marine. Plume et lavis, crayon.

104 — **Hondicotir.** — Paysage montagneux. Plume
et lavis. Signé.

105 — **Moucheron.** — Entrée de parc avec colonnade,
à Rome. Plume et lavis.

106 — **Huet, Oudry.** — Deux pièces : Études de moutons et de chiens. Sanguine et crayon.

107 — **Jeaurat.** — Cour de village. Au crayon noir,
rehaussé sur papier bleu.

108 — **Johannot** (T.). — Vignettes pour illustrations de livres. A la mine de plomb.

109 — **Jouvenet.** — Les Saintes Femmes au pied de la croix. A la sanguine.

110 — **Jullien.** — Cinq pièces : ornements. A l'aquarelle.

111 — **Kamphuysen** (F.) [1804]. — Composition allégorique. Crayon et estompe.

112 — **Kellin.** — Vue de Paris : la Rue des Prêtres-Saint-Germain-l'Auxerrois en 1838. A l'église, sont adossés un cabinet de lecture et divers étalages de bouquinistes et de marchands d'estampes. Aquarelle.

113 — **Kolb** (J.). — La Complaisante Vivandière. A la plume, rehaussé de blanc.

114 — **Lami** (Eug.). — Après une bataille, sous Napoléon Ier. A la plume.

115 — **Lantara.** — Vues prises dans des sites montagneux. Deux dessins à la plume noire, signés et datés 1779.

116 — **Largillière.** — Portraits d'une famille. Au lavis. Cadre ancien.

117 — **Largillière** (N.). — Portrait de femme. Au crayon noir, rehaussé de blanc.

118 — **Lairesse** (G. de), **Van Orley.** — Sacrifice d'Abraham. Crayon noir. Étude de figures. Plume.

119 — **Lawreince (H.).** — La Consultation ; la Promenade dans le parc. Deux jolis dessins gouachés faisant pendants, dans des cadres sculptés à rinceaux, de Bagard de Nancy.

120 — **Le Prince (A.)** — Cour de ferme. A l'aquarelle.

121 — **Lescot (Mme Haudebourt.)** — Jeune paysanne. Aquarelle.

122 — **Lesueur.** — L'Assomption de la Vierge.

123 — **Loo (Van.)** — Tête de jeune fille. Crayon noir rehaussé de blanc.

124 — **Lorrain (Cl.) [?].** — Figures d'hommes, assis et debout. Au bistre.

125 — **Lorrain (Claude), Le Poussin.** — Quatre pièces : Paysage. — Marine. — Figures. Plume et sépia.

126 — **Lottier (L.)** — Paysage des environs de Paris ; la Place du Parvis Notre-Dame de Paris. Deux dessins. Peintures.

127 — **Mantegna (A.) [?].** — Femme puisant de l'eau dans une citerne. Au bistre.

128 — **Mayer (C.).** — Paysanne suisse. A la plume, lavé.

129 — **Mazzolino, Locatelli, Van Vitelli, Tassi.** — Quatre pièces : le Passage de la mer Rouge ; Paysage. Plume et sépia.

130 — **Merlin, Bruandet, Rioule.** — Trois pièces : Paysage. Aquarelle. — Paysage. Crayon. — Bacchante. Estompe.

131 — **Meulen (Van der), De Wael.** — Deux pièces : Sujet de chasse ; Ville assiégée. Encre de Chine, plume.

132 — **Michau (Th.).** — Village en Flandre. A la plume, lavé.

133 — **Millé.** — Vue dans la campagne de Rome. A la pierre noire.

134 — **Millet (J. B.).** — Les Gardeuses de bestiaux, environs de Barbizon. Aquarelle

135 — **Moitte.** — Le Passage de la mer Rouge. Deux grands dessins au lavis, rehaussés de blanc.

136 — **Molenaer, Van Kessel, Dujardin, De Crayer.** — Quatre pièces : Scène villageoise ; Paysage ; Études. Plume et lavis.

137 — **Mougin.** — Une Grotte. A la gouache.

138 — **Monnet.** — Sujet pour l'illustration de Télémaque, charmante composition. A la gouache. Cadre ancien.

139 — **Monnier (Henri).** — M. Prudhomme. A la pierre noire, signé et daté 1870.

140 — **Moucheron.** — Paysage. A la plume, lavé.

141 — **Neer (A. Van der)** [?]. Village hollandais. A l'encre de Chine.

142 — **Nicolle (J.)** — Monuments antiques. A la plume et à l'aquarelle.

143 — **Nicolle, Panini, etc.** — Trois pièces : Paysages et ruines. Sépia et lavis.

144 — **Norblin.** — La Foire de Makarieff, en Russie. Important dessin à l'encre de Chine, avec multitude de figures. Signé et daté 1797.

145 — **Ostade (attribué à).** — Tête de paysan. Dessin colorié. Cadre ancien.

146 — **Oudry (J. B.).** — Renard surprenant un coq. A la plume, rehaussé de blanc.

147 — **Ouvrié (J.), Broscassat.** — Croquis de paysage.

148 — **Ornements, XVIIIᵉ siècle.** — Trois pièces : Enfants et rinceaux; frise; encadrement à trophée. Plume et sépia.

149 — **Pajol.** — Grenadier de l'armée de Sambre-et-Meuse. Aquarelle.

150 — **Panini.** — Deux pièces : Figures dans des ruines. Encre de Chine.

151 — **Parmentier.** — Vue de la porte Dauphine au palais de Fontainebleau. Aquarelle signée.

152 — **Parmesan.** — Cheval se cabrant. Au crayon noir.

153 — **Patel.** — Paysage avec monuments antiques. Gouache.

154 — **Pillement.** — Croquis. Au crayon noir.

155 — **Pittet.** — Dessins de vases. Cinq pièces au bistre.

156 — **Porcelli.** — Deux vues du jardin Beaumarchais, à Paris : Grotte et Fontaine. A la gouache, de forme ronde.

157 — **Porcelli.** — Quatre vues du jardin Beaumarchais, à Paris. Gouache.

158 — **Portail.** — Jeune Femme assise lisant un livre, accoudée sur une console. Crayon noir. Cadre ancien sculpté et doré.

159 — **Portail (?).** — Gentilhomme debout. A la pierre noire.

160 — **Poussin (G.), Salvator Rosa, A. del Sarte et autres.** — Huit pièces : Sujets divers. Plume, sépia et lavis.

161 — **Regnault.** — Allégorie sur les arts. Crayon.

162 — **Ricci.** — Un Martyre. Plume et lavis.

163 — **Robert (H.), Panini, Preudhomme.** — Cinq pièces : Figures, Ruines, Paysages et Croquis. Sanguine et lavis.

164 — **Robert (H.) [?].** — Vue d'Italie et Ruines. Deux dessins à la sanguine.

165 — **Romanelli.** — La Madeleine et les Anges. A la plume, lavé et rehaussé.

166 — **Robiersky.** — Cinq pièces : Dessins pour meubles. Lavis et plume.

167 — **Rosa (Salvator).** — Combat de guerriers. Plume et bistre.

168 — **Rounier.** — Trophée d'emblèmes religieux. Encre de Chine. Cadre Louis XV sculpté.

169 — **Ruysdael (S.), De Koningh.** — Deux pièces : Paysage de Hollande. Encre de Chine.

170 — **Rowlandson.** — Love in a Blace. Deux sujets faisant pendants. En couleur.

171 — **Sacchi (A.).** — Combat de guerriers. Plume et bistre.

172 — **Saflleven, Swanevelt, Sork, Blomaert, J. V. de Velde.** — Quatre pièces : Paysages, Portrait, Chariots. Plume, lavis et crayon.

173 — **Saint-Aubin (G. de).** — Plaisir de prince. Important dessin à la gouache, décrit par Dulaure dans les *Singularités de Paris*, 1790, 1 vol. in-12, page 119.

174 — **Saint-Aubin (G. de).** — Étude de figures. Crayon noir.

175 — **Saint-Aubin (G. de), Le Moyne, Picart (B.), Pierre, De Boissieu.** — Neuf pièces : Croquis et sujets divers.

176 — **Saint-Martin.** — Paysages avec bergers et moutons. Gouache.

177 — **Salviati (F.).** — Saint à genoux devant un crucifix. A la plume, lavé.

178 — **Santerre, Coypel et autres.** — Cinq pièces : Tête d'étude, Allégorie, Pastorales. Sanguine et crayon noir.

179 — **Sassarotti (B.)**. — Étude de bras d'homme. A la plume.

180 — **Solimène, Servandoni**. — Sujet allégorique, Ruines. Sépia et plume.

181 — **Sylvestre**. — Moulin de Charenton. A la sépia.

182 — **Sylvestre, Clérisseau, etc**. — Trois pièces : Vue de Rome, Ruines, Paysage. Plumes et lavis.

183 — **Taraval, Wille, Lesueur**. — Trois pièces : Amphitrite, Paysages. Sanguine, plume et aquarelle.

184 — **Tiepolo (J. B.)**. — Composition pour un plafond. — A la plume, lavé et rehaussé.

185 — **Titien (Le), S. del Piombo, Fetti, Pasinetti, Lillio**. — Cinq pièces : Paysage, Judith, Femme et Enfant, Résurrection de Lazare, Sainte Cécile. Plume, lavis et sanguine.

186 — **Tito (Santi di)**. — La Nativité. A la plume, lavé et rehaussé.

187 — **Toscani (C.)**. — L'Aveugle. Aquarelle.

188 — **Van Uden, Van der Meer, Hugtemburg, Molenaer**. — Paysages, Combat de cavaliers, Patineurs. Aquarelles, crayon, encre de Chine.

189 — **Velde (A. Van de) [?]**. — Les Pêcheurs, Chantier de bateaux. Deux dessins à la sépia et à l'encre de Chine.

190 — **Van de Velde (W.), Kobell**. — Deux pièces : Navire; Paysage. Encre de Chine, plume.

191 — **Verboeckhoven.** — Une brebis et son agneau. A l'aquarelle.

192 — **Vernet.** — Officiers anglais dans les galeries du Palais-Royal, en 1815. A la plume, colorié.

193 — **Vigée (Mlle).** — Jeune femme debout lisant une lettre. Dessin à la sanguine, signé.

194 — **Collections Villot (F.).** — Louis XV et Mme de Pompadour. Aux deux crayons. École française.

195 — **Unterheilner.** — Mort de saint Joseph. A la plume et au bistre.

196 — **S. de Vlieger, Blomaert, Van Clef, Van den Bosch, L. van der Vinne.** — Quatre pièces : Marchands de poissons, Pêcheur, Paysages. Plume et lavis, crayon et sanguine.

197 — **S. de Vlieger, T. Michau.** — Deux pièces : Pêcheurs et convoi. Plume, lavis et aquarelle.

198 — **Wattier.** — Les Crêpes. A la sépia.

199 — **Weirotter, Van der Vinne.** — Patineurs; chasse au héron. A l'encre de Chine.

200 — **Wille (J. G.)** — Étude de figures. A l'encre de Chine.

201 — **Zurbaran.** — Buste d'un religieux. Au crayon noir.

DESSINS EN LOTS

202 — Environ deux cents dessins des différentes écoles seront vendus par lots.

CADRES

203 — Deux petits cadres rectangulaires, bois sculpté et doré. Époque Louis XIV.

204 — Deux petits cadres Louis XIV, bois sculpté et doré.

205 — Petit cadre ovale sculpté à feuillages.

206 — Deux petits cadres ovales à fronton nœud de rubans, sculptés et dorés.

207 — Plusieurs bordures anciennes en bois sculpté.

208 — Encadrement de glace du temps de l'Empire, composé d'ornements à l'aquarelle et à la gouache.